AF193566

Estefanía González

ESPORAS

Apeadero de Aforistas

cypress
CULTURA

1ª ed., mayo de 2024

Una publicación de Apeadero de Aforistas
www.apeaderodeaforistas.es

Edita: Cypress Cultura

ISBN: 978-84-127712-9-9
Depósito legal: SE 1049-2024

IMPRESO EN LA UNIÓN EUROPEA

Amar a alguien es sentir alegría por su mera existencia.

*

Aprender a escribir es aprender a callar. A dejar sin decir todo eso que podrías decir.

*

¡Qué inteligente es! ¡Opina lo mismo que yo!

*

Me gusta la gente normal. Es tan rara.

No basta que el autor sea bueno. Tiene que hablarme a mí.

*

No renegaré de la alegría aunque la culpa me atraviese.

*

¡Es urgentísimo relajarse!

*

Ira, herida encerrada.

*

La libertad, hasta la raya.

Hay quien tarda toda la vida en morirse.

*

No nos dejes caer, mas no nos quites la tentación, reza el hombre.

*

¡Alto! ¡La sonrisa espontánea o la vida!

*

La muerte eructa. Está llena.

*

Sólo hay una muerte. El número es estadística.

Escribe sobre mí. No soy escrupulosa.

*

Con una frase ingeniosa te ganas al de la izquierda y pierdes para siempre al de la derecha.

*

Maté al mosquito. Mañana recojo todo.

*

Este niño tiene pinta de poeta. Dadle mucha morcilla.

*

La palabra dedal me da sed.

Hay que ser moderado. Amor, el justo. Pasión, ni mucha ni poca.

*

Llega una amable visita. He de ocuparme en algo urgente.

*

La gente engorda porque la ansiedad y el hambre roen en el mismo lugar.

*

¡Qué alergia de verte!

*

Esto es el paraíso, boñigas aparte.

No te fíes de ese: siempre dice "no te fíes de ese".

*

El silencio monta el día como si fuera nata.

*

Para disipar mis dudas sobre moralidad, me disipo.

*

Soy muy vergonzosa ajena.

*

Aquí, masticando chucrut. Chucrut, chucrut.

La alegría llega en pleno hielo. La reconocemos con incredulidad y agradecimiento.

*

Hay un mendigo a la puerta de la tienda. Pide con la mano extendida y contiene miradas de odio a los perritos mimados.

*

Ve pasar a los perros por la calle, acicalados, tirando de sus amitos, y siente una envidia que lo corroe. Quién fuera perro.

*

Cayó el poeta en las redes y gritaba.

Sale a fumar un hombre a la calle. Su cara es roja como la de una nécora.

*

El moscardón enloquecido de los topetazos. Abro la ventana y sale, pero el zumbido se lo deja dentro.

*

No sé si lanzar serpentinas de colores o latigazos.

*

Hace media hora que leí sin querer un poema de amor y todavía no puedo dejar de reír.

¿Te acuerdas del poema tan bueno que escribí hace unas horas? Pues es una mierrrrda.

*

El poema que leo me pertenece.

*

Deja ese poema tranquilo. Lo estás torturando.

*

Escribí un poema. Fue como sajar una herida.

*

Poema que huele no falla.

Y para celebrar el sol haré un poema que se entienda.

*

Un buen poema se recorta contra el fondo.

*

El final no existe. Lo pone el autor.

*

El romanticismo librero de los que no leen es emocionante. Como el amor por las puestas de sol de los que las ven en pantallas.

*

El cielo cae sobre todos los extremos del mundo.

Se ha levantado un viento caliente. Los árboles lo aclaman.

*

Epatar al burgués para cortejar a la clac.

*

Si tiene nombre, ya no preocupa tanto.

*

La violencia no es dolor hasta que pasa. Luego, es el corazón un bosque arrasado.

*

El poeta nunca mira solo. Y tú, menos.

No decidimos qué toman de nosotros los que amamos.

*

El soldadito de plomo aún siente la pierna que le falta. También cree que la bailarina sigue viva.

*

Ayer dije que no había nada más poderoso que un jinete, pero entiéndanme: también está el Océano.

*

Yo a usted le caigo mal. Aquí hay un error.

Siempre hay que dejar un camino por descubrir, para la primavera.

*

A este corte de mi dedo, tan pequeño, pero que molesta tanto, lo voy a llamar David. Yo soy Goliat.

*

Más sucio el producto, más limpio el anuncio.

*

Al niño ya hecho le está saliendo bigote y empiezo a llamarlo el hombre a medio hacer.

Hay cosas que no se entienden y luego está lo incognoscible, la estupidez.

*

El hombre llega a casa. Pica cebolla. Se sienta en el salón mientas oscurece y se la aplica en los ojos, poco a poco. Qué alivio, el llanto.

*

Asisto a un evento de poesía que me recuerda, por ser su reverso, lo que la poesía es.

*

Qué ingenio. Eres como una mala historia con buenos diálogos.

Oye, lagarto. Lo tuyo con el sol, ¿es amor o costumbre?

*

Afila su ingenio en la Biblia. Pone en evidencia su acientifidad. Imagina qué ingenio.

*

La lengua es mía y me la muerdo porque soy libre.

*

El inicio de algo. Esa luz especial que trae una metáfora.

*

Me pongo hielo en el tobillo y se me enfría la espalda. Así con todo.

La medicina sabe muy mal. Tiene que ser muy buena.

*

Muere alguien. ¡Cuántos quedan sin morir!

*

He comprado un reloj para oír el tic, tac, tic, tac, esos pasos tranquilos del tiempo.

*

Coquetear es andar por el bordillo.

*

Si pierdo la poesía me pierdo a mí.

Deja de fingir. Quien se ha aceptado a sí mismo no odia al mundo.

*

Entre la grosería y la cursilería, un desierto con cuatro arbustos desperdigados.

*

Desvísteme despacio, que tengo prisa.

*

Te desenquistas y empieza el dolor.

*

A vueltas con las telarañas. Perdón, quiero decir con las relaciones.

La perfección no es sexy.

*

La magia de lo concreto.

*

Intento entender a los enloquecidos cuervos. No sé si ríen, se alertan, se toman el pelo, se desafían. Hasta que suena el tiro.

*

¡La gran máquina de medir el amor!
¡La gran máquina de medir el dolor!
Sí, una sola.
Una sola máquina.

Yo ya no *in crescendo* hasta el colapso.

*

He confundido el Empíreo con el perineo. Todo mal.

*

Sentimiento con aspaviento, el estilo de los crispados
Veinte.

*

No era yo la irritante. Era la tormenta.

*

"Descansé en paz", puse en el pésame. Mi corrector se
divierte.

Le hace ilusión que en el informe diga: "Varón".
Qué gracioso es crecer.

*

Algoritmo, ¿sabes qué? Te desprecio.

*

Todo el día seria y excelsa, pero es tomarme una
cerveza y gravedad cero.

*

Sol y cloqueo de gallinas. Viaje al pasado.

*

Es mi habitación, mi jardín secreto de caos.

Hay cosas que solo se pueden decir en el mar de la
ambigüedad.

*

Antes de ver el Maëlstrom mi cabello ya estaba
blanco.

*

El dolor es uno y no tiene dueño. Amamanta a tantos.

*

Eso no te va a ocurrir en el país del ya no.

*

Hoy he cambiado una bombilla y me he reafirmado en
mi antigua creencia: querer es poder.

Una ideología es un traje de ideas. Se desprecian las que no hacen juego. Y nada, que no se escapa uno de ser valorado por el traje.

*

La vida y yo nos desprendemos una de otra porque nos sobramos. No hay tensión sexual y así la vida es mucho más aburrida.

*

Y con qué amor se ciñe el silencio al tic tac.

*

No me gustan los diminutivos, salvo para las hormiguitas.

En América, antes de la llegada del hombre blanco, era tanta la felicidad que los perros no ladraban.

*

En el Paraíso los iroqueses refinan sus torturas.

*

El que no sabe amar no sabe no poseer. No piensa: «Oh, maravilloso pangolín», sino «¡Quiero un pangolín!» O un cuadro. O una persona.

*

Dice que sólo quiere autoayudarme.

*

Moraleja: los cerditos pequeños se salvaron y no trabajaron nada.

A la laxitud, fustazo.

*

Bígaros. Los caracolillos que tocan el pífano en los ejércitos marinos.

*

Ya sé quién soy. Soy miles.

*

No tienes ni idea de cuánto no me interesa lo mismo que a ti.

*

Repito lo que no es casual. Lo que soporta la repetición. Como estas esporas, tuits o aforismos.

Si es un laberinto a cielo descubierto, para qué salir.

*

Se murió. Se puso de un serio...

*

Vamos a jugar a que limpio ese espejo tan sucio.

*

Oh. Qué maravilla de marco le has puesto a tu dibujito.

*

Esas mariposillas nocturnas que manchan de oro, ¿de qué están hechas?

El Minotauro también está perdido.

*

Vale. Finjamos que soy tu personaje.

*

¿Enrollarme? No. Mi deseo es deshilarme.

*

For sale: great love, never used.

*

Esos hombres de al lado están hablando de llorar.
Escucho con la vista clavada en el libro.

Cuando acabó la segunda guerra mundial era una niña. Puse la frente contra la pared y dije: "Ha acabado la segunda guerra mundial".

*

«Refocilarse»: una de esas genialidades de la lengua.

*

Un poco de ira para cauterizar ese dolor, por favor.

*

No te preguntes qué es amar. Pregúntate qué es no amar: negar el dolor del otro.

*

Necesito necesitar querer huir de la huida.

31

Hacerse sabio es que cada vez haya menos distancia entre querer, deber y poder.

*

Se atreve a decirme que coma las claras y tire las yemas. A mí. Renegar de las yemas es renegar del sol.

*

La perversión y sus sábanas blancas. Su fondo de pureza.

*

Muestra una gran entereza ante el dolor que causa.

*

Dónde guardaré este dolor, que no se vea, pero diga.

La mayor distancia es el desamor.

*

Fanfarronear es como dar un guión al otro. Pero el otro lee demasiado bien: te ve pequeño detrás del guion.

*

Se nota perfectamente cuando alguien está cantando y, en medio del canto, sonríe.

*

No me gusta otra lengua que la mía. Las demás me hacen gracia, es todo, como habla de salvajes o juego de niños.

*

Cómo de tierna brota la verdura.

Voluntad de triclinium.

*

Su memoria era de 128 megas. Contemplen ahora a Gigalexandros. ¡No! ¡Teralexandros!

*

Como cuidan algunos sus glúteos cuido yo mi espíritu. Es decir, mi tensión intracraneal.

*

Me dan más miedo los abismos que las distancias.

*

No te quiere. Solo tiene miedo por las noches.

Los que no tienen miedo no saben qué es ser valiente.

*

La luna no se refleja en el pozo del miedo.

*

"Yo quiero un hombre que me levante en brazos como una pluma", decía la princesa mientras se recogía el pelo para no salpicárselo al vomitar.

*

Tu vida es fea. Pero mira, la vida del que está a tu lado: siendo igual que la tuya, no lo es.

*

No dejo de nacer.

Pocas cosas más destructivas que el miedo a no parecer feliz mientras cuidas el jardín en que te mueres de aburrimiento.

*

El alivio es un hundimiento feliz.

*

Feliz como una sartén mil veces requemada.

*

Los padres de ese niño que de mayor quiere ser dentista, a la cárcel, venga.

*

El futuro tiene una pistola en la sien.

Me siento muy terrrestre. Como para dar una receta o algo así.

*

Es ver un bebé y dar gracias.

*

Dar vueltas en la cabeza a un problema está bien, pero asegúrate de que es un problema.

*

Nunca sin fuerza al principio.

*

Adolescente: humano desagradable y maravilloso en pleno sufrimiento de la metamorfosis.

Yo, de viajar al pasado, volvería a aquella noche de amor, pero sobria, a ver cómo fue.

*

Insomnio. En mitad de la noche la osamenta vibra.

*

Es admirable. Solo necesita una pizca de ternura para ser, además, amable.

*

Sólo aceptar el fracaso te salva del fracaso. Deja de sonreír. Llora y vuelve al trabajo.

*

El corazón, ese gorrioncillo mojado.